D1670338

novum premium

Von ganzem Herzen Danke

Peter

Versionen

Peter Baur

novum premium

Dieses Buch ist auch als
e-book
erhältlich.

www.novumverlag.com

Bibliografische Information
der Deutschen Nationalbibliothek:

Die Deutsche Nationalbibliothek
verzeichnet diese Publikation in
der Deutschen Nationalbibliografie.
Detaillierte bibliografische Daten
sind im Internet über
http://www.d-nb.de abrufbar.

© 2014 novum Verlag

ISBN 978-3-99038-875-4
Umschlagfotos: Peter Baur
Umschlaggestaltung, Layout & Satz:
Peter Baur, Susann Naumann
Innenabbildungen:
S. 10 © Jan Engel | fotolia.com,
S. 117 © Peter Baur

Gedruckt in der Europäischen Union
auf umweltfreundlichem, chlor- und
säurefrei gebleichtem Papier.

www.novumverlag.com

Inhaltsverzeichnis

Zum Geleit

Jeder Zeitraum hat etwas Eigenes... oder etwa nicht?
15 Jahre sind eine (relativ) lange Zeit - und doch
haben die Gedichte von seinerzeit nichts an Aktualität
verloren. Vielfach machen sie sogar heute noch mehr
Sinn als damals. Wohl deshalb, weil es sich um ein
Kernthema handelt, das ewig Bestand hat:

~ ~ **die LIEBE** ~ ~

Liebe im Sinne eines elementaren Bedürfnisses des
Menschen, die dieser ebenso braucht wie Dankbar-
keit und Freude, um sich als Mensch ganz zu fühlen.
Die hier gemeinte universelle Energie der Liebe hat
allerdings sehr wenig gemeinsam mit der „romanti-
schen" Liebe, die Hollywoods Filmindustrie nährt,
oder der „biologischen Vernarrtheit", wie OSHO sie
nennt.

Nach einer mehrjährigen Schreibpause hat der Autor
seine vergessene „Dichtermappe" wiederentdeckt und
fast zeitgleich mit dem Start der Ausbildung in Transformations-Therapie nach Robert Betz auch ein neues
„schöpferisches" Kapitel aufgeschlagen.

In Würdigung der verschiedenen Zeitabschnitte möge
auch da und dort sichtbar werden, dass in der Zwi-
schenzeit eine Rechtschreibreform an vielen Stellen
z.B. aus einem „ß" ein „ss" gemacht hat. Im Sinne
des permanenten Wandels dürfen hier das Früher und
Später zusammenfließen.

Früher und später, alt und neu, Ost und West... sind nur scheinbar gegensätzlicher Natur. Und das westlich geprägte ENTWEDER - ODER beginnt, dem ursprünglich östlichen SOWOHL - ALS AUCH die Hände zu reichen, um mehr und mehr vereint Eingang in das globale Netzwerk der Liebe zu finden.

Im Sinne einer besseren Reimbarkeit wurde entweder die männliche oder weibliche Form gewählt. Möge sich bitte sowohl der weibliche als auch der männliche Anteil in *jedem Leser* von den Inhalten gleichermaßen angesprochen fühlen. Auch wurde auf Grund der universellen Gemeinsamkeit in Liebe ein respektvolles Du dem förmlichen Sie vorgezogen.

Vorwort

Ich habe mein Vorwort verloren
dabei hat sich alles doch so schön gereimt
mal seh'n, vielleicht wird ja ein neues geboren
ich achte darauf, was jetzt in mir keimt

Ich kann mich erinnern dem Sinne nach
welche Botschaft ich wollte verbreiten -
doch nein, es ist alles hinunter den Bach
ich kann mein Gedächtnis nicht weiten

Vielleicht ist es besser und klüger gar
auf Botschaften ganz zu verzichten
der Leser ist klug - oder weise sogar
kann selbst einen Reim sich erdichten

Einen Reim auf das Leben, die Freude, die Not
auf Liebe, auf Lust, das tägliche Brot
die Ängste, die uns doch zuweilen plagen
auf viele der zahllosen offenen Fragen

Und so will ich von Herzen aus dankbar sein
meinem Vorwort, das ich hab' verloren
denn eben ist sehr viel aus Liebe entstanden
was vorher noch war ungeboren

Ein Gefühl, das mich ganz tief mit dir verbindet
mit dir, der du jetzt diese Zeilen liest
hab' Dank für die Zeit, und eh sie verschwindet
kannst du vielleicht spür'n, was von mir zu dir fließt

Eine Unmenge Liebe, ein innig Umarmen
auf Wunsch einen Händedruck, einen ganz warmen
doch drück' ich fast lieber das Herz als die Hand
und spüre noch lieber Gefühl als Verstand

Gefühle, Verstand, die vielen Gedanken
dein Körper, dein Geist sind weiß Gott nicht allein
für ein Leben in Freude - mit Freude am Danken
das alles und noch mehr darf jederzeit sein

Geh deinen Weg durch dein eigenes Land
egal, was sich da auch befindet
ich glaube an eins - an ein silbernes Band
das alle Menschen verbindet

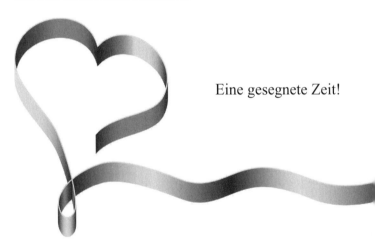

Eine gesegnete Zeit!

Kapitel 1

Meine Zeit in Wien
von 1987 bis 1997
mit
Exkurs nach Florida

Auf der Suche

Auf der Suche nach dem Glück
habe ich das Leid gefunden
habe selber nicht bemerkt
daß ich mich zu sehr gebunden
an die vielen Abenteuer
an die Welt, die außen ist
an Vergnügen, Lust und Freuden
die man viel zu rasch vergißt

Auf der Suche nach dem Glück
habe ich die Angst entdeckt
habe viel zu oft vergessen
wieviel Freude in mir steckt
was ich selber kann bewirken
hab' ich oftmals nicht beachtet
hab' nach Großem nur gestrebt
und das Kleine oft mißachtet

Auf der Suche nach dem Leben
habe ich den Tod gesehen
viele, die zu leben glaubten
mußten ohne Warnung gehen

Auf der Suche nach der Freude
ist der Frust mir aufgefallen
die Vermeidung von dem Leide
mußt du oft sehr hoch bezahlen

Auf der Suche nach Berauschung
habe ich gar oft bemerkt
daß dieser Weg der falsche ist
und mich nicht auf Dauer stärkt

Auf der Suche nach Vergessen
habe ich mein Hirn gespürt
wie es scheinbar ganz besessen
in den alten Wunden rührt

Auf der Suche nach Musik
ist die Stille mir erschienen
drängte jeden Ton zurück
konnte leise besser dienen

Auf der Suche nach der Stille
ist es oft sehr laut gewesen
nur als Tauber könntest du
mitten in viel Lärm noch lesen

Auf der Suche nach der Lust
sind mir oftmals Frau'n begegnet
die gesteigert meinen Frust
wieder ward ich nicht gesegnet

Auf der Suche nach der Frau
die mich selig machen kann
habe ich entdecken müssen
daß oft selber ist der Mann

Auf der Suche nach der Wahrheit
hab' ich mich oft selbst belogen
ich gab vor, ganz ich zu sein
dabei hab' ich mich betrogen

Auf der Suche nach der Liebe
habe ich die Angst entdeckt
die, auch wenn ich es nicht wollte
tief in meinem Inner'n steckt

Auf der Suche nach dem Ich
bin ich auf das Du gestoßen
durch die Ängste, fürchterlich
hob' i's häufig bleibm lossn

Auf der Suche nach der Mutter
hab' ich niemand sonst gefunden
weil es keine and're gab
hat sie mich allein entbunden

Auf der Suche nach dem Vater
bin ich oft allein geblieben
meiner hatte nicht viel Zeit
trotzdem kann ich ihn nur lieben

Auf der Suche nach dem Ich
habe ich sehr oft im Trüben
fischen lernen woll'n und müssen
der ich war, bin ich geblieben

Auf der Suche nach dem Sinn
muß ich mich noch heute mühen
doch ich will bescheiden bleiben
sieh nur, wie die Blumen blühen

Auf der Suche nach der Demut
bin ich auch auf Gott gestoßen
dabei habe ich gelernt:
laß die Worte sein, die großen

Auf der Suche nach dem Frieden
bin ich oft nervös geworden
weil er ganz von selber kommt
wenn es aufhört, dieses Morden

Auf der Suche nach dem Glück
wissen wir aus schlauen Sprüchen
da zieht das Biest den A... zurück
und wir müssen weiter *süchen*

Auf der Suche nach dem Schluß
konnte ich kein Ende finden
trotzdem ist es hier vorbei -
und ich will mich selbst entbinden

Wozu

Wozu aufsteh'n - ohne Müssen
soll der Tag allein beginnen
lieber horch' ich noch am Kissen
als erwacht herumzusinnen

Wozu länger liegen bleiben
steh doch auf, beginn zu schreiben
tue dies und mache jenes
lies ein Buch vielleicht, ein schönes

Wozu soll der Mensch sich plagen
wenn es auch ganz ohne geht
hör doch auf mit all dem Fragen
weil das Leben weitergeht

Wozu geht das Leben weiter
wenn doch alles sinnlos ist
öd' und leer und nicht mehr heiter
ich hab' satt den ganzen Mist

Wozu eine Arbeit suchen
NEIN, sie raubt mir nur die Zeit
soll'n die ander'n mich verfluchen
ich setz' auf „Gelegenheit"

Wozu schreibt ein Mensch Gedichte
die vielleicht kein and'rer liest
ist schon komisch, die Geschichte
wenn das Leben dich verdrießt

Wozu ist die Liebe da ?
JA genau - da ist es wieder
nur die Liebe lässt uns leben
alle Menschen werden Brüder

Wozu soll ich weiter fragen
Lieben heißt das große Los
sinnerfüllt sind uns're Plagen
uns're Ziele riesengroß

Wozu also länger liegen
noch dazu, ganz ohne Grund
komm, steh auf, fang an zu lieben
und die Seele wird gesund

Was passiert schon

wenn ich nicht schreibe
wenn ich träge bin
wenn ich nichts tue
wenn ich keine Lust habe
wenn mir meine Aufgaben zuwider sind
wenn ich lustlos bin
wenn ich müde bin
wenn ich mich verkriechen möchte
wenn ich keine Ausreden mehr habe?

Dann erst wird alles passieren.

Ausgang

Es geht gut aus

... sagte der Vater zu seinem traurigen Sohn
... sagte die Krankenschwester zum Patienten
... sagte ich zu mir selbst

Das Peter Pan-Syndrom
„Leben wäre ein schrecklich aufregendes Abenteuer"

Ich muss, ich will, ich werde
das ist ein altes Spiel
es fordert viel Erfahrung
bis zum gewünschten Ziel

Ich muss, so heißt es immer
wenn fremd wir sind bestimmt
so wollen es die Eltern
und Lehrer schon vom Kind

Die Kinder müssen lernen
die Eltern zu erfreu'n
und das scheint nur zu gehen
durch Müssen ganz allein

Wer fragt denn, was wir wollen
es dreht sich nur ums Muss
und wenn wir nicht erwachen
dann bleibt das - bis zum Schluss

Doch immer nur zu müssen
das ist des Menschen Qual
sie treten dich mit Füßen
und nennen das „normal"

Sie wollen unser Bestes
bestimmen uns'ren Plan
und wenn du es nicht merkst
bleibst ewig du der *Pan*

Sie scheinen dich zu fördern
doch wirklich tun sie's nicht
denn du bist nur ihr Schatten
und sie steh'n stets im Licht

Lass dich nicht länger foppen
und treffe deine Wahl
verzichte auf das Müssen
hab' Freude statt der Qual

Erst will ich und dann werde
ich mutig vor sie treten
sie sollen ruhig weinen
ich werde für sie beten

Tritt aus dem Schatten and'rer
und werde selber Licht
wenn sie's auch schlecht verkraften
bekümmere dich nicht

Ein jeder hat sein Leben
bestmöglich zu besteh'n
verlass dich auf dich selber
nur so kann's weitergeh'n

Und all die ander'n Menschen
die *müssen* dich versteh'n
wenn nicht - dann ist es besser
dass sie alleine geh'n

Denn Menschen, die uns lieben
die fordern nicht das Muss
sie achten unser'n Willen
und nicht den Judas-Kuss

Sie fördern unser Streben
und freuen sich in Stille
sie wollen selber leben
und achten uns're Ziele

Sie brauchen nicht die ander'n
um selber gut zu sein
geh'n ihre eig'nen Wege
und lassen uns all-ein

Ich muss, ich will, ich werde
das Spiel hat einen Sinn
ich will das Spiel gewinnen
und werden, wer **ICH BIN**

Planen statt Ahnen

Planvoll geht die Welt zugrunde
wenn der Mensch die Pläne macht
wenn er glaubt, er sei der Größte
höher noch, als jene Macht
die im Universum schaltet
über Tod und Leben waltet
die das All zum Wunder machte -
ganz bestimmt nicht immer sachte
uns die Chance gibt, zu begreifen
nach den Sternen nicht zu greifen
sondern auf der Erde leben
nicht nur nehmen, nein, auch geben
liebevoll zu unser'n Nächsten
Helfer sein für uns're Schwächsten
Mensch zu sein und menschlich bleiben
nichts an seine Spitze treiben
sondern demutsvoll, doch heiter
leben, lieben und so weiter
das allein ist die Bestimmung
dafür gibt's auch keine Innung
Mensch zu sein ist uns're Pflicht
göttlich sein hingegen nicht

Dennoch steckt ein göttlich' Funken
auch in jedem der Halunken
die das Dasein uns vermiesen
über Wohl und Weh beschließen
die die Erde neu erschaffen
Gold und Geld und Macht sich raffen
die so tun, als sei'n sie Götter
die die Allmacht seh'n als Spötter
die mit Ignoranz und Fleiß

drüberfahr'n - um jeden Preis
manchmal fahren sie auch drunter
wichtig ist, der Feind geht unter
Feinde gibt es ja genug
jeder glaubt, nur er sei klug
und so walten sie die (Klug-)Scheißer
werden dümmer nur, statt weiser
ehren sich in Gegenzügen
viele Leichen bleiben liegen
pflastern jede Ruhmesstraße
keiner nimmt sich bei der Nase
keiner fragt sich, was das soll
jeder find' sich - ach wie toll

Und so greifen sie zur Feder
zeichnen schon den nächsten Plan
hier noch was für Arbeitgeber
da noch eine Autobahn
planen sei des Menschen Sache
glauben die, die nichts kapier'n
doch - aller Fortschritt wird zur Mache
wenn wir unser'n Gott verlier'n
oftmals ahnten schon die Ahnen
dass wir uns damit verplanen

Wir verplanen uns're Zeit
so als hätten wir genügend
erst am Ende uns'res Lebens
merken wir - im Bette liegend
Vieles ist noch nicht geschehen
doch - nun ist es Zeit zu gehen
unser Abgang ist beschlossen
doch - diesmal nicht von den Genossen
nein, es fängt von vorne an
jetzt zählt wieder Gottes Plan

Wie soll ich sagen...

Liebe ist, wie soll ich sagen
eine vierte Dimension
hör schon endlich auf zu klagen
irgendwann kapierst du's schon

Liebe ist, wie soll ich sagen
ein gar seltsam liebes Ding
manchmal liegt es dir im Magen
wie ein bunter Schmetterling

Liebe ist, wie soll ich sagen
wichtig für die Lebewesen
auch wenn viele heutzutagen
auf die Liebe ganz vergessen

Liebe ist, wie soll ich sagen
wenn du etwas gerne tust
mit viel Freude, ohne Plagen
wenn du in dir selber ruhst

Liebe ist, wie soll ich sagen
unbeschreiblich als Gefühl
als ob du auf Wolken gingest
geradezu auf dich als Ziel

Liebe ist, wie soll ich sagen
eine weltenweite Kraft
und wenn du sie anerkennst
hast du es schon halb geschafft

Liebe ist, wie soll ich sagen
größer als die Dinge sind
trotzdem ist sie in den Dingen
die liebevoll gestaltet sind

Liebe ist, wie soll ich sagen
ein Gedanke oft, ein Wort
Vieles, von Geduld getragen
fegt wie Wunder Zweifel fort

Liebe ist, wie soll ich sagen
wenn du andere verstehst
wenn du ihnen gerne zuhörst
ihnen nicht das Wort verdrehst

Liebe ist, wie soll ich sagen
Zauber, Illusion, Magie
ihre Kraft ist wie ein Wunder
ihre Stärke Poesie

Liebe ist, wie soll ich sagen
eine lebenslange Chance
auch wenn du erst morgen anfängst
ist das sinnvoll für das Ganze

Liebe ist, wie soll ich sagen
die Versöhnung - ohne Streit
wie die Anerkennung and'rer
diesmal aber - ohne Neid

Liebe ist, wie soll ich sagen
eine Hand, die gerne gibt
die nicht fragt, ob sie der and're
dem gegeben wurde, liebt

Normal

Harter Wind um weiche Nasen
das ist Marktwirtschaft „brutal"
Schwache werden weggeblasen
Starke finden das „normal"

Weiche Hand auf harten Schäften
das ist Liebesdienst „frontal"
Ehefrauen keifen heftig
Huren finden das „normal"

Schon im Feber* Osterhasen
findest du in dem Regal
Weihnachten schon ab September
Konsumieren ist „normal"

Zeit und Liebe für die ander'n
finden wenig an der Zahl
viele sorgen nur für sich
Herrgott, ist denn das „normal"

Weiches Herz in harten Zeiten
wird dem Edlen nicht zur Qual
denn sein Ziel heißt Weg bereiten
Güte ist für ihn „normal"

österreichisches Wort für Februar

Liebe allein

Liebe allein ist wahr
Liebe und Wahrheit sind ein Paar
Liebe und Wahrheit sind fast schon das Leben
fehlt nur noch Bewusstsein und Freude am Geben
dann ist er vollbracht, der Himmel auf Erden
dann können wir Menschen zu Freunden werden

Ohne Liebe kein Leben - ohne Leben kein Schmerz
das klingt, als sei es ein kosmischer Scherz
doch hör auf dein Herz, den Motor des Lebens
wählst du nicht die Liebe, dann lebst du vergebens
natürlich kann Lieben auch Leiden bedeuten
doch - Liebe *allein* ersetzt Therapeuten

Die Liebe, die ich mein', gehört nicht nur einem
sie lässt für uns alle die Sonne scheinen
ob groß oder klein, ob gut oder besser
die Liebe heilt Wunden - und das ohne Messer
ob einer nun „gut" oder „böse" ist
Liebe bleibt Liebe, sie ist, was sie ist

Du kannst sie nicht sehen und auch nicht riechen
dafür aber kannst du dich in sie verkriechen
bist du in der Liebe, dann fühlst du dich wohl
wer lieben nur kann, ist nur liebevoll

Oft ist auch die Liebe nur schwer zu begreifen
sie darf wie ein Käse - in Liebe - reifen

Liebe an sich ist nicht heiß und nicht kalt
doch spürbar für jeden, ob jung oder alt
wir müssen uns nur an die Liebe wenden
sie hegen und pflegen - mit Herzen und Händen

Und dort, wo die Liebe abhanden kam
da klopft sie vielleicht schon heut' wieder an
in Form eines Vogels oder als Hund
als glückliches Kind, als lächelnder Mund
als Blume vielleicht oder als Tuch
als tröstendes Wort in einem Buch

Die Liebe aber hat auch ein zweites Gesicht
doch wie viele glauben - der Hass ist es nicht
wenn du es wirklich zu sehen verlangst
das Pendant der Liebe - das ist die Angst
es ist schwer zu glauben, und doch ist es wahr
auch Angst vor der Liebe ist gar nicht so rar

Wir haben Angst - vor zu viel Gefühl
dass irgendwer uns was nehmen will
dass wir von allem zu wenig erhalten
dass wir uns einmal nicht richtig verhalten
vor Krankheit und Not, vor Gehässigkeit
vor dunklen Gesellen, vor Hunger und Neid

Angst vor der Liebe, weil Lieben nichts bringt
wo doch dieses Geld heute alles bestimmt
die Liebe ist einsam, sie ist *ignorant*
sie fragt nicht nach Alter, Geschlecht oder Stand
sie ist bei so manchem sogar verpönt
wie die Rose, die *nutzlos* den Duft verströmt

Wähle die Liebe für dein weiteres Leben
denn Liebe allein kann dir Frieden geben
Liebe bewirkt, dass die Dinge fließen
dass Füllhörner sich über dich ergießen
doch - hältst du den Fluss an - in deiner Gier
verlässt dich die Liebe, bitte glaube es mir

Vergiss nicht die Liebe - als Kern deines Lebens
wenn du sie ignorierst, ist alles vergebens
sie ist es allein, die zu Menschen uns macht
ohne Liebe kein Tag, sondern ewige Nacht
tu, was du tust, mit Liebe allein
wenn nicht, ist es besser, du lässt es sein

Liebe ist

Liebe ist wie Kitt
sie kriegt alles wieder fit
hast du Liebe in den Taschen
fällst du niemals durch die Maschen

I füh' mi guat

(Standgedicht)

Prolog
I füh' mi so guat heit
weil i wos gmocht hob (a Plakat auf mei Tür pickt)
I füh' mi so guat heit
weil i nit muass (es is Montag und i bin im Stand)*

I füh' mi so guat, Leit
draußn tuats regna
und i sitz herinnan ohne mein' Huat
Leitln, i sog eich, i füh' mi so guat

Dos Gfüh', dos i heit hob
is kaum zu beschreibm
i füh' mi so leicht und so selig dazua
i mog mi selba, nix raubt ma mei Ruah

I mog mi als Ganza
so wia i bin
und des is vom Lebm
a wichtiga Sinn

Erst wenn du di mogst
grod so wiast bist
dann gspiast as, des Lebm
wias holt so is

Dann bist vabundn
mitn Rest von da Wöd
dann heiln die Wundn
dann pfeif ma aufs Göd

Dann redn die Herzn
san freundlich und woarm
dann san die Leit reich
die sunst vielleicht oarm

Loss aussi die Freudn
vergiss auf dein' Schmerz
kannst imma no leidn
falls eng wird, dei Herz

Oba schau, dass es weit bleibt
- für die Kinda, d'Natur -
loss den Grant für die andern
und trogs mit Hamur**

Wennst lochn kannst, Freunderl
kann dir nix passiern
verlass di aufs Herz
und nit nur aufs Hirn

*Geschrieben an einem düsteren, verregneten
Krankenstandsmontag, 3. März 1997*

* Krankenstand auf Wienerisch
** Humor auf Wienerisch

Außen und Innen

So wias daham is
miassats überall sein
zumindast für manche
war des recht fein

Für andere wieda
war des a Fluch
denn wennst nit daham bist
dann bist auf Besuch

Und Besuche san draußn
du bist nit daham
es sei denn, du lebst
wia a Vogl am Bam

Der Vogl kann fliagn
wohin er grad wü
er is überall z'Haus
er braucht a nit vü

Wie außen so innen
des trifft auf eam zua
er is so frei
hat sei selige Ruah

Doch halt, wos is durtn
beim Meiserl sein Nest?
Da mocht grad a Katz
ihr Essensfest

Hat's Nesterl ausgräubert
die Jungen verspeist
so kanns an gehn
wenn ma's nit gneißt

Do draußn is a nit das Gelbe vom Ei
und so sitz ma holt wieder beim Ofen dabei
obs'd durt oder da bist, das spielt nit die Rolln
die Hauptsoch is nur, des Lebm tuat an gfolln

Schrift-Steller

Halt!

Im Namen der Republik
Im Namen des Volkes
Im Namen des Vaters
Im Namen der Schrift

Sie sind gestellt!

Humor

Da Humor is ka Gaude
da Humor is a Pflicht
denn ohne Humor
überlebst es nicht

Wer kan Humor hat
dem nutzt nix auf da Wöd
ka Frau, kane Weiber
kane Häuser, ka Göd

A Mensch ohne Lochn
is a traurige Gschicht
wer des Lochn verlernt hat
lebt sei Lebm nicht

Da Humor is a Kruckn
für unser Lebm
wennst kan Humor host
kannst da'd Kugel gebn

A humorvolles Lebm
wiegt mehr als der Schein
wennst mit Freude kannst gebn
- dann derfst di gfrein

Wennst a Grantnscherm bist
dann geh mir ausn Weg
lern im Keller des Lochn
und dann komm wieda z'Weg

I wü für mei Zukunft
nur noch lustige Leit
I brauch kane Giftpfeil
und lebm tua i heit

I pfeif nit aufs Morgen
das derf ruhig a sein
doch wichtig is heute
im Heute zu sein

Und geht da Humor
im Lebm jemois flötn
do nutzt da ka Kur
da hüft a ka Betn

Ohne Spaß bist du hüflos
und immer allein
denn wer will schon ohne
Humor bei dir sein?

3. März 1997

Florida97

Der Atlantik rauscht in meinen Ohren
bis jetzt hab' ich nichts verloren
ganz im Gegenteil - gewonnen
täglich kann ich mich hier sonnen
außer, wenn's gerade regnet
dieses Land ist sehr gesegnet
mit viel Wasser allerorten
der Himmel öffnet seine Pforten
nun fast täglich - und es gießt
hinterher dann alles sprießt
nicht nur Gräser, Palmen, Wicken
nein, es sprießen auch die Mücken
diese stechen hier wie toll
mein *Autan* ist noch halbvoll
doch es wirkt, das ist genial
praktisch - international

Daher habe ich gut lachen
denn es gibt hier feine Sachen
dass Orangen so gut schmecken
konnte ich erst hier entdecken
doch auch jede and're Frucht
ist zu essen hier 'ne Wucht
alles gibt es hier in Mengen
Amis leben nicht in Zwängen
denn sie fressen wie die Großen
nicht nur fast food, nein, auch Dosen
in Gallonen fließt hier alles
nimm die Karte - und bezahl es
Pommes *Fritz* und Burger Kinge
um die Bäuche wachsen Ringe

Fette gibt es hier gar viel
fressen scheint das Oberziel
und dazu noch Cola saufen
dafür können sie kaum laufen
alles lebt im Überfluss
frag nicht, wer das bezahlen muss

Doch das Land hat viel zu bieten
nicht nur große Amischlitten
hier wirkt nicht nur der Bill Gates
nein, es gibt auch Everglades
Vögel, Fische, Schmetterlinge
gute Steaks und Zwiebelringe
Ozean und noch viel mehr
schaffte Gott einst alles her
und im Zoo gibt's auch Giraffen
doch es ist nicht wie Schlaraffen-
Land und Leute müssen richtig
tüchtig sein, das ist hier wichtig
denn sonst gibt es nichts zu kauen
auch wenn *Amis* schlecht verdauen
müssen sie sich voll ihn schlagen
ihn, den strapazierten Magen

Was hineinkommt, ist oft minder
das erfahren schon die Kinder
diese kann man hier fast rollen
diese kleinen, übervollen
was mich auch nicht weiter wundert
alles gibt es hier zu Hundert
hundert Schokoladenstücke
scheint besonders was für Dicke
hundert Kilo von dem Schwein
ist auch die Familie klein

dazu hundert Cola-Flaschen
ein paar Säcke voll zum Naschen
dazu einen Zentner Zwiebel
nur beim Hinschau'n wird mir übel
vielleicht noch drei Eimer Popcorn
das ist, worauf *Amis abfoar'n*
Chicken Wings als Appetizer
ist für mich ein Magenschmeißer

Doch es sind nicht alle dick
manche hier sind richtig chic
dieses sind die Sportbetreiber
schinden täglich ihre Leiber
laufen an den Straßenrändern
mit verschwitzten Sportgewändern
um am Abend in Lokalen
über alle Welt zu strahlen

Vielleicht fühlen sie sich stärker
als ein kleiner Steiermärker*
doch - hat *Arni* nicht gezeigt
wer auf Dauer oben bleibt?

* *Arnold Schwarzenegger und ich sind Landsleute.*

Galaxia

Nix Fleisch, nix Ehr, nix Feuerwehr
nix Wald, nix Baum, nix Grizzly-Bär
alles flutscht uns aus den Händen
wo soll dieses Spiel nur enden

Sind wir einmal nimmermehr
kommt ein kleines Männlein her
und es sagt zu niemandem:
„mein Gott, habt ihr's hier bequem"

Doch es kann kein Mensch mehr hören
weil schon alle *mauses* sind
keinen kann es hier mehr stören
alle weg, sie waren blind

Und das Männlein sieht gelassen
sich auf dieser Erde um
kann das alles gar nicht fassen:
„so ein schönes Erdenrund"

Wie es weitergeht, das weiß ich
ebenso wie du nicht mehr
aber allem Anschein nach
ist die Erde menschenleer

Meeresrauschen

Die Stille und das wilde Meer
vertragen sich nicht allzu sehr

Denn wenn es still wär' um die Wogen
dann hätte sich das Meer verzogen

Das wiederum kann nicht gut sein
die Erde ist dafür zu klein

Wohin soll so viel Wasser rinnen
das ist doch lächerlich, zum Spinnen

Nur um des lieben Reimes Willen
versucht man hier das Meer zu killen?

Nur um die Stille *laut* zu hören
will man sogar das Meer zerstören?

Das Meer braucht Platz, 'ne ganze Menge
nur selten sieht man's in der Enge

Betreibt von oben man die Schau
bemerkt man - der Planet ist blau

Es gibt hier Wasser - zu zwei Dritteln
am Blau ist also nicht zu rütteln

Drum die Bemerkung hier zum Schluss
still ist der Ort, an dem man *muss*

Doch ist der Ort auch still - zum Lauschen
- am Ende hört man's wieder rauschen

Unter diesem Hut...

... aus Wolle
findest du die nächste Rolle
steht auf dem Textilienhut
und du wartest stumm darunter
bis man dich enthüllen *tut*

Du stehst in Rollen stets parat
oft wartest du in Hüllen
aus Wolle, Seide und Spagat
kannst du Regale füllen

Oh Klopapier, du guter Freund
wir brauchen dich doch täglich
und bist du einmal ausgegangen
dann geht's uns Menschen kläglich

Wir brauchen deinen weichen Charme
wir brauchen deine Härte
du *cosyflauschweichierst* so gut
wir unterschätzen deine Werte

Doch wie geht's dir, oh Klopapier
du treuer Kamerad
du bist geduldig wie Papier
das eben an sich hat

Und wenn du glaubst, du seist sehr wichtig
dass ohne dich nichts geht
oh Mensch, was denkst du, wie es erst
dem Klopapier ergeht

Oh Klopapier, oh Klopapier
du spielst die erste Geige
dem Menschen wird das erst bewusst
wenn du gehst zur Neige

Manager an stillen Orten
machen selten Faxen
während sie es hier noch *tun*
spüren sie die Kurse wachsen

Börsianer aller Welten
alle müssen auf den *Thron*
hier bestimmt zwar die Verdauung
doch sie merken nichts davon

Direktoren und Minister
Bänker, Schuster, Hurensohn
alle müssen täglich *gehen*
alles and're kennt man schon

Nicht vorhandene Papiere
sind oft guter Grund für Frust
selbst dem allerhöchsten Tiere
wird das auch am Klo bewusst

Sitzt ein Hofrat auf dem Lokus
worauf richtet sich sein Fokus
woran denken „hohe Tiere"
doch wohl kaum an Klo-Papiere

Vieles heute kann man kaufen
manches doch dagegen nicht
stell dir einen Hofrat vor
schau ihm heimlich ins Gesicht

Wenn er - auf der Schüssel sitzend
plötzlich die Gefahr erkennt
dass er sich zu spät gekümmert
um das Stückchen *Pergament*

Oder er, der General
Führer großer Heere
seine Lage wird fatal
wenn er greift ins Leere

Manager aus allen Welten
untersteh'n Verdauungszwängen
auch wenn alle alles tun
dieses Thema zu verdrängen

Sie sind stets die Saubermänner
kennen nicht Urin und Kot
fressen viel in sich hinein
haben aber niemals *Not*

Und sie würden dich nie rühmen
schweigen deine Werte tot
doch auch die allergrößten Scheißer
brauchen dich wie's täglich' Brot

Daher ist es mir sehr wichtig
dich, oh Klopapier, zu preisen
mich recht herzlich zu bedanken
namens aller, die da täglich...

... dich von deiner Rolle reißen

Entscheidungen

Ein Mensch, der sich nur schwer entscheidet
gehört zu denen, der viel leidet
was er tut, geht oft daneben
ach, es ist zum „Kugel" geben

Wohin ich mich auch immer wende
ich verliere doch am Ende
diese Haltung ist fatal
und macht vieles piepegal

Soll ich gehen, soll ich bleiben
soll ich mir die Zeit vertreiben
soll ich dieses oder das
was macht mir am meisten Spaß

Soll ich sitzen oder steh'n
soll ich besser weitergeh'n
oder soll ich mich vergnügen
doch - dann bleibt die Arbeit liegen

Soll ich nehmen oder geben
oder lieber einen heben
oder mich gleich voll betrinken
und in süße Träume sinken

Soll ich rasten oder ruh'n
doch - es gibt so viel zu tun
soll ich gleich - oder doch später -
alles leere Kilometer

Soll ich meinen Mann betrügen
doch - ich bin nicht gut im Lügen
aber meine Sinne stehen
doch zum ander'n hinzugehen

Aber da ist noch Gewissen
kann ich es denn auch genießen
in fremden Armen gut zu liegen
wie werd' ich die Kurve kriegen

Und wie sag' ich's meinem Kind
das zu Haus' alleine jammert
schlag' ich alles in den Wind
wird mein Verlangen ausgeklammert

Kannst du dich nicht gleich entscheiden
wirst du eben weiterleiden
was kann dir denn schon passieren
sag, was hast du zu verlieren

Wenn du mutig bist - und offen
hast du sehr viel Grund zu hoffen
dass dein Leben bunter wird
dass selbst dein Nachbar munter wird

Und dann kannst du gleich mit diesem
hier und jetzt es voll genießen
dass du nicht entscheiden musst
denn auch dieser ist voll Lust

Lust zum Leben, Lieben, Lachen
kann dir vieles leichter machen
wenn du lässt die Lust entscheiden
kannst du sehr viel Frust vermeiden

Wenn du wirst zum Hedonisten
wird dich jeder bald beneiden
lass das Grübeln für die ander'n
und hab Freude am Entscheiden

Was du tust, das tue gerne
oder bleib der Sache ferne
denn wenn es an Lust dir fehlt
bist am Ende du gequält

Doch diese Qual ist nicht alleine
für dich selber eine Pein
denn ein jeder wird es merken
ohne Freud' ist nicht gut Sein

Ohne Liebe zu den Dingen
bleibst du stets ein armer Wicht
es wird dir nicht viel gelingen
überschattet ist das Licht

Doch zum Schluss ist zu bedenken
wo viel Schatten, da viel Licht
sei so frei, hör auf zu denken
und zeig endlich dein Gesicht

ASSI 1

Assessment ist ein Modewort
und heute sehr gefragt
egal, was es bedeuten soll
es wird sehr oft gesagt

Assessment heißt, frei übersetzt
so viel wie „*ein*zuschätzen"
egal, wie oft man sich *ver*schätzt
sie werden fort es setzen

Das Center ist dagegen leicht
es heißt so viel wie Runde
auch wenn es manchmal eckig läuft
es ist Gebot der Stunde

Sie brauchen ihre Wahl-ver-fahren
um auszutesten - bis zuletzt
auch wenn sie schwer daneben-fahren
wird das *Ver*-fahren fortgesetzt

An Kandidaten ist kein Mangel
fast alle sind schon testerprobt
und hängt der Fisch auch an der Angel
mal seh'n, wer hier den Meister lobt

Der Vorteil dieser Testmethode
ist sehr leicht zu beschreiben
denn erstens ist Assessment Mode
und zweitens - lass' ich's bleiben

AC's

Assessment Center sind modern
sie sind in aller Munde
da sitzen sie, die hohen Herr'n
in einer strengen Runde

Sie teilen ihre Punkte aus
vergeben ihre Noten
sie sehen recht humorlos aus
denn Spaß ist hier verboten

Der Zweck der Sache ist ganz klar
sie suchen hier den Besten
und jener heiligt Mittel gar
um diesen hier zu testen

Der Neue muss ein Könner sein
ein Genius in allem
die Menschlichkeit kommt *hinterdrein*
denn primär geht's um Zahlen

Die Firma sucht den besten Mann
für ihre neue Riege
ob einer auch ein Mensch sein kann
beeinflusst nicht die Siege

Denn *tough* und *straight* ist hier gefragt
lebendig, flott, flexibel
ist das Vertrauen angenagt
ergeht's dem Selbst gar übel

Denn siegen wird nur jener Held
der hier am schönsten strahlt
für den gibt es am meisten Geld
der hier am besten prahlt

Ob Mann, ob Frau, das ist egal
was wichtig ist, verrät er
der Herr, der hier den Vorsitz hat
dem Kandidaten spät-er

Ein solcher Test ist aufschlussreich
für die Assessment-Leiter
die Kandidaten sind nicht gleich
denn einer kommt nur weiter

Und wer als Sieger oben steht
der soll sich noch nicht rühmen
denn ob die Wahl die rechte war
das wird der Job bestimmen

ASSI 2

Assessment Center sind gefragt
sind nicht mehr wegzudenken
wo immer auch ein Assi tagt
gibt's keine Posten zu verschenken

Der Preis, der zu entrichten ist
ist allerdings nicht hoch
auch wenn du nicht der Beste bist
die ander'n testen noch

Von einem Assi bis zum nächsten
ist's meistens gar nicht weit
du brauchst nur gute Nerven
und eine ganze Menge Zeit

Doch wenn du ohne Job dastehst
du schließlich doch zum Assi gehst
du lässt dich testen, lässt dich fragen
auf keinen Fall darfst du verzagen

Denn wer von Ass' zu Assi rennt
wird irgendwann noch Assistent
vielleicht kommst du sogar noch weiter
und fällst auf die Karriereleiter

Und schließlich bist du vorgesetzt
und suchst nach Assistenten
rasch wird ein Assi angesetzt -
so kann ein Blatt sich wenden

Termin(lich)

Lieber Herr von Izedin
hier ist Ihr Privat-Termin
bitte kommen Sie ganz pünktlich
Wartezeiten kosten Geld
sollten Sie es nicht gut schaffen
wird ein anderer bestellt

Ein Termin ist Mangelware
weil heut' jeder einen will
legen Sie hierher das Bare
weil ich mich dann besser fühl'
meine Zeit ist knapp bemessen
dass Sie das nur nicht vergessen

Und - was kann ich für Sie tun
was, Sie haben keinen Schimmer
dann ist das vertane Zeit
geh'n Sie raus aus meinem Zimmer
schicken Sie den nächsten rein
denn mein Zeitspielraum ist klein

Die Termine zu vergeben
kostet selber schon viel Zeit
es vergeht das halbe Leben
so, als wär's ein Zeitvertreib
und - was nützt am End' die Predigt
Termine bleiben unerledigt

Dem Grunde nach

Ein Anruf bei Versicherungen
hat mich schon öfters irritiert
und *eigentlich* ist es gelungen
dass man mich völlig hat verwirrt

    An und für sich ist er da
    im Grunde kein Problem
    versuchen Sie es später wieder
    vielleicht so um halb zehn

    Dem Grunde nach ist er im Hause
    doch ist ein Kunde grad bei ihm
    um zwölf ist er in Mittagspause
    und später dann in seinem Team

    Ist diese Sache wirklich dringend
    so könnt' ich mich gar überwinden
    mit seiner *Unabkömmlichkeitsvertretung*
    per Telefon Sie zu verbinden

    Doch halt, der ist zur Zeit im Urlaub
    vielleicht weiß auch Herr X Bescheid
    ich werde Sie mit ihm verbinden
    ... da ist besetzt - es tut mir leid

    Wie ist denn die Polizzennummer
    ach so, da sind Sie hier nicht richtig
    das macht bei uns der Herr von Kummer
    doch ... - die Polizze ist ja nichtig

Vielleicht, wenn Sie es uns gestatten
kommt bald ein Mann von uns vorbei
Herr K wird den Besuch abstatten
um Sie zu schützen - völlig neu

Denn unser Schutz ist für Sie wichtig
damit der Schlaf ein tiefer ist
beachten Sie dabei besonders
nicht all den Konkurrentenmist

Bei uns sind Sie im Grunde richtig
wir machen für Sie alles klar

Nur - wenn du einen sprechen willst
dann werden sie auf einmal rar

Da Handyman

Ein Handyman, der Eier kratzt
ist eine schöne Schande
doch leider werden's immer mehr
in unser'm Fortschrittslande

Sie stehen schon an jedem Eck
die tollen, duften Heinis
mit Schlips und Anzug, immer keck
ich find', dass das gemein is'

Sie lenken unser'n Lebenslauf
so hat es fast den Anschein
wann hört der Unsinn endlich auf
wann darf man wieder Mann sein

Doch auch die Frauen sind bereits
von jenem Gift befallen
sie wollen bess're Männer sein
und schärfen ihre Krallen

Denn Handywoman ist doch chic
mit ihren bunten Nägeln
sie halten es noch für ein Glück
die Männer zu beflegeln

Das Business steht im Mittelpunkt
es ist der Nabel uns'rer Welt
von Wert ist nur noch all der Prunk
den man bekommen kann - für Geld

Das Handy dient mir als Symbol
für sehr viel hohles Leben
denn jeder will nur wichtig sein
und keiner etwas geben

Oh nein, denn ganz im Gegenteil
nur Nehmen macht uns selig
im Hintergehen liegt das Heil
Gott, sei uns allen gnädig

Nur - so ein Schnurlostelefon
hat auch so manche Tücke
denn keiner weiß, wie ohne Ton
man ausfüllt eine Lücke

Was haben wir uns denn zu sagen
was sagt uns unser Telefon
solange wir uns das nicht fragen
versteht der Nächste keinen Ton

Wir leben nur fürs Informieren
doch, ist das wirklich lebenswert
und stets nur nach dem Geld zu gieren
das uns doch letztlich nicht gehört

Wir stürzen uns in große Schulden
verschwenden unser'n ganzen Lohn
und keiner denkt ans Informieren
von unser'm Gott und seinem Sohn

Natürlich hören die auch so
doch glaub' ich, sie sind ratlos
wenn die unser Geschwafel hör'n
dann sind wir unser'n Draht los

Die Technowelt ist uns're Heimat
das Virtuelle wird real
der Handyman ist unser Zeichen
für Lebensqualitätszerfall

Selbst am Klo sind wir erreichbar
zumindest in der Theorie
denn, wer nicht mit Herzen redet
der erreicht den ander'n nie

Auch am Schiff muss es dabei sein
denn das Funken ist zu schwer
Handys dürfen nirgends fehlen
ohne Handys geht nichts mehr

Da steht er nun, der Handywicht
mittendrin im Mittelmeer
er versteht sein Handy nicht
denn die Akkus, die sind leer

Beim nächsten Mal, da ist er schlauer
steckt Akkus ein im Handumdreh'n
nur steht er diesmal vor der Mauer
und kann wieder nichts versteh'n

Manchmal steh'n sie an den Rändern
abseits von der Autobahn
doch wenn Satelliten streiken
stört das unser'n Handymann

Im Objekt liegt stets die Tücke
denkt sich unser Handymann
der in einer Funknetzlücke
niemanden erreichen kann

Dabei wollte er die Frau
schon seit Stunden informieren
um zu sagen: „Schatzi, schau
kannst schon mal die Brote schmieren

Inzwischen bin ich in St. Pölten
und ganz bald bin ich bei dir
sei für diese Info dankbar
schneid das Brot auf und dann schmier"

Unlängst war ich in den Auen
um zu klären meine Sicht
ich glaub' den Ohren nicht zu trauen
als Handyman im Busche spricht:

„Hierher müsstest du mal kommen
es ist schön hier - und ganz still"
- keiner kann zur Ruhe kommen
wenn es Handyman nicht will

Und wenn er steht auf Bergeshöh'n
und auch hier telefoniert
Handyman kann nicht viel seh'n
wenn ständig er nur informiert

„Ich bin jetzt hier - auf tausend Met...r
Ach du, - mein Akku
Dann bis spät...r"

Präzise Schweigen
(Swatch Timing)

90 sec. Stillschweigen, gestoppt mit Swatch-Chronograph

Mehr als kein Wort
Los!

Körpersprache
Wortlos
Schweigen
Passive Aktion
Nichts sagen
Stille
Totenstille
Ruhe
Peinlichkeit
Unangenehm berührt sein
Zunehmendes Kopfschütteln
Tonausfall
Vergebliches Warten
Kribbeln im Bauch
Unruhe - eigene - innere
Unsicherheit - innen - außen
Was soll das
Ungutes Gefühl
Viele Gedanken/eigene?

Stop!
Kommunikation pur

Zur Nachahmung empfohlen!

Für Peter Sp.

Du bist unentwegt unaufgeregt
ich begreife das nicht
wie machst du das nur

Es ist fast zu perfekt
alles scheint wie geleckt
wie ein Weg ohne Spur

Du bist cool und gefasst
hast dich immer im Griff
du bist stets obenauf

Nur - wenn dir was nicht passt
oder alles geht schief
na, dann pfeifst du halt drauf

Weiße Ostern

Wenn die Osterhasen frieren
und der Schnee im Tale liegt
ist es nicht, wie vorgesehen
ist der Winter nicht besiegt

Frühling gibt es nicht nur außen
Frühling kann auch in uns sein
und der Winter kann sich *brausen*
wenn wir uns des Lebens freu'n

Sonne sei in uns'ren Herzen
mag es draußen noch so schnei'n
vielleicht gibt's bald Osterkerzen
und dazu noch Bäckerei'n

Weihnachten

Wird es draußen kalt und kälter
und das Jahr wird alt und älter
wenn ich aus dem Fenster seh'
wird aus Regen langsam Schnee

Jedes Jahr um diese Zeiten
heißt es wieder vorbereiten
für das Fest, für eine Feier
jedes Jahr dieselbe Leier

In die Stadt hineinmarschieren
und nach vielen Päckchen gieren
hast du alles schon gekauft?
Hör nur, wie ein jeder schnauft

Keine Spur von Weihnachtsfrieden
jeder muss noch Pläne schmieden
wie es besser werden kann
niemand sieht den Weihnachtsmann

Höher, weiter, schneller, besser
das sind uns're Seelenfresser
und der eine Tag pro Jahr
macht die Lüge auch nicht wahr

Fest der Liebe, so ein Stuss
keiner liebt gern, wenn er muss
und so werden wir das Lieben
auf das nächste Jahr verschieben

Fällt es uns von selber ein
ja, dann könnte es schon sein
dass wir was von Liebe spüren
manches kann uns doch berühren

Heuer noch, und noch das nächste
Jahr, nachher wird alles leichter sein
dieses Selbstbeschwichtigungsgerede
kommt vom inner'n „Hundeschwein"

Wenig Zeit für and're Menschen
keine Zeit für sich allein
nur an dem besagten Abend
will dann keiner einsam sein

Einsamkeit ist eine Haltung
die in uns'ren Köpfen wohnt
geh auf Menschen einfach zu
du wirst seh'n, dass es sich lohnt

Fest der Liebe, Fest der Kinder
könnte alle Tage sein
52 ganze Wochen
fühlt sich keiner mehr allein

Und wenn dieses Miteinander
uns an jedem Tag gelingt
freut sich jeder Weihnachtsengel
dass er nicht nur einmal singt

Jeden Tag ein Stückchen Weihnacht*
wär' das nicht für alle schön
wenn wir jeden Lebenstag
wie ein großes Fest begeh'n

Gut, das Leben kann auch anders -
beide Seiten sind zu sehen
an den finst'ren Tagen kannst du
ja Geschenke tauschen gehen

* *und dessen Äquivalent in allen Regionen*
  und Glaubensrichtungen dieser Welt

Jahr und Tag

Wennst von vorn schaust:

A Tog is jo gar nix -
a Lebm recht vü
doch beide san wichtig
wennst gehst auf a Zü

Andersherum betrachtet:

A Tog kann recht lang sein
a Lebm verdammt kurz
doch beide san wichtig
Hauptsach: ma tuats!

Und vom Ende aus gesehen:

Das Lebm is zu Ende
ka Tog is mehr dein
jetzt is nix mehr wichtig
is des nit gemein?

Geschrieben an einem grauen, verregneten
Krankenstandstag, einem Montag, an dem das
Nichtarbeitengehenmüssen besonders angenehm ist.
3. März 1997

Ich kann

Ich kann Geld ausgeben oder sparen
ich kann gehen oder fahren
ich kann brüllen oder schrei'n
wenn ich will, bin ich allein
ich kann freundlich sein und lachen
aber auch Gesichter machen
ich kann zornig um mich schlagen
oder mit Geduld ertragen
ich kann lesen oder essen
ich kann allerlei vergessen
kann Musik hör'n oder nicht
frei zu sein ist meine Pflicht
ich kann lieben, ich kann leiden
kann aus einer Firma scheiden
ich kann böse sein und grimmig
aber auch ganz lieb und innig
ich kann singen in den Chören
oder Mädchen gar betören
spielen kann ich und auch prahlen -
manchmal kann ich nicht bezahlen

Schließlich könnt' ich weiterschreiben -
aber nein, ich lass' es bleiben

*Und diese leichtfertige „Entscheidung", es bleiben
zu lassen, hat schließlich eine ca. 15-jährige
schöpferische Pause ausgelöst.*

Ein eigenes Kapitel -

Frauen

Mutter

In Liebe denk' ich an die Frau
die mich einst hat geboren
und freue mich, dass ich mich trau'
zu sagen unverfroren:

ICH LIEBE DICH

Ich liebe dich, oh Mutterherz
und danke dir mit Freuden
im Grunde bist auch du allein
und hast oft viel zu leiden

Doch leiden, sagt man, müsste sein
um sich daran zu stärken
um einmal frei und froh zu sein
zufrieden mit den Werken

Den Werken, die ein Mensch vollbringt
im Laufe seines Lebens
in Liebe - denn, wenn diese fehlt
dann lebt der Mensch vergebens

Und daher sag' ich noch einmal
auch wenn wir müssen gehen
auch wenn uns Gott einst zu sich ruft
die Liebe bleibt bestehen

Auch wenn wir einmal nicht mehr sind
herunten, hier auf Erden
die Liebe bleibt stets, was sie ist
im Gehen - und im Werden

Drum dank' ich dir zu Lebenszeiten
für alle deine Mühen
für deine Liebe, dein Begleiten
und auch für dein „Erziehen"

Hab' Dank für alles, was du je
in Liebe für mich machtest
für jeden stillen Augenblick
den du in Liebe an mich dachtest

Du bist, so ist es Schöpfers Plan
in mir - für alle Zeiten
die Liebe, die uns heilen kann
sie mög' uns stets begleiten

In Liebe,
dein Sohn Peter

Für Aglaja Reuter

Wer *reutert* so spät durch Wind und Nacht
es ist Aglaja, die immer lacht
sie hat einen Knaben, den nennt sie Tier
doch wohnen tut er nicht mehr bei ihr

Und so ist sie frei und ungebunden
das sagt sie auch jedem - ganz unumwunden
sie hat überall Fans und kennt ihren Wert
wer das nicht kapiert, liegt völlig verkehrt

Sie zieht um die Häuser, kehrt da und dort ein
sie ist sehr beliebt, bei Groß und bei Klein
ob Alt oder Jung, oder noch jünger
Aglaja wählt aus, mit behendem Finger

Wenn sie nur will, kann sie jeden haben
ob uralten Greis, ob Mann oder Knaben
sie tut, was sie gern tut; und das mit viel Power
spielt einer nicht mit, dann wächst eine Mauer

Aglaja reißt mit, Aglaja gestaltet
weh' dem, der sich lieber selber verwaltet
Aglaja ist schlau, Aglaja weiß Rat
was immer auch einer für Sorgen hat

Aglaja ist immer ganz live dabei
zum Glück ist sie selber sorgenfrei
und so kann man getrost die Aglaja fragen
sie wird sich schwer hüten, je selbst zu verzagen

Aglaja gibt gern und hat Freude am Schenken
doch wenn's auch so scheint - nicht ganz ohne Denken
sie setzt viel voraus - das ist auch ihr Recht
und wenn nichts zurückfließt, ist das sehr schlecht

Von nichts da kommt gar nichts, ist ihre Devise
gib auch, wenn du nimmst - und dann erst genieße
tu nur, was du gern tust, doch zög're nicht lange
sonst hältst du Aglaja nicht lang bei der Stange

Sie fragt nicht sehr viel, sie weiß schon fast alles
Problem ist ein Fremdwort - ein sentimentales
sie lebt nur fürs „Leben, Lieben und Lachen"
was drüber hinausgeht, soll'n die anderen machen

So will sie auch bleiben, so fühlt sie sich wohl
sie braucht Zigaretten - nicht Alkohol
um fröhlich zu sein, bedarf es sehr wenig
nur wer niemand braucht, ist ein wahrer König

Aglaja braucht niemand, ist das nicht famos
Aglaja fällt anscheinend viel in den Schoß
und was nicht hineinfällt, das bleibt eben draußen
sie wartet nicht lange, muss weitersausen

Weiter nur, weiter und immer weiter
immer schön fröhlich, gelassen und heiter
alle Welt soll es seh'n, zu jeder Stunde
Aglaja macht wieder die fröhliche Runde

Die Fröhlichkeit trägt sie hinein in die Stadt
wo jeder gern fröhliche Menschen hat
ist sie auch allein unter vielen euphorisch
Aglaja bleibt fröhlich, fast schon notorisch

Beiß die Zähne zusammen, egal was du fühlst
es kommt nicht drauf an, was du grade willst
nur der Anschein ist wichtig - immer schön lachen
sonst könnte die Stadt sich noch Sorgen machen

Die Stadt ist ihr Leben, die Stadt ist ihr Ziel
sie weiß ganz genau, was sie von ihr will
die Stadt hält sie jung, ist der Nabel der Welt
sie ist das, was Aglaja in Atem hält

Aglaja hat Angst vor der Langeweile
deshalb ist es besser, man ist stets in Eile
zu Hause zu sitzen, mit gewaschenen Haaren
ist etwas für Alte - so ab siebzig Jahren

Aglaja möchte partout nichts versäumen
sie lebt in der Stadt und hält nichts von Träumen
sie ist Realist, steht völlig im Leben
sie hat schon fast alles und muss nicht mehr streben

Aglaja ist tapfer, hält wenig von Schmerzen
ist immer gut drauf, hat stets Sonne im Herzen

Wie's aussieht - an weniger sonnigen Tagen
kann niemand so recht von Aglaja sagen

Wien, im April 1996

Für Helena

Helena ist nicht immer fromm
sie sagt auch manchmal: „Bitte komm!"
sie führt Regie mit sanfter Hand
mit viel Gefühl und mit Verstand

Sie leitet, oftmals unbemerkt
erahnt, was uns als Spieler stärkt
sie weiß Bescheid, sie kennt sich aus
Helena, du verdienst Applaus

Ich habe viel dir zu verdanken
darum bist oftmals in Gedanken -
geht es ums schöne Worte schenken
ganz einfach nicht mehr wegzudenken

Du lehrst uns, wie der Profi spricht
daß wir noch neu sind, stört dich nicht
du hast mit uns sehr viel Geduld
darum gebührt dir uns're Huld

Du bist, was man bescheiden nennt
und deshalb liegst du voll im Trend
bei mir zumindest ist das so
daß es dich gibt, macht mich sehr froh

Das alles ist nicht sonnenklar
ein Mensch wie du ist eher rar
drum ist es schön, daß du so bist
und daß die Muse dich geküßt

Ich danke dir für deine Güte
und wünsche dir, daß Gott behüte
dich und die Deinen allezeit
ein Mensch wie du ist selten heut'

Durch dich hab' ich gelernt zu reden
und das erzähl' ich gerne jedem
der sich für Sprache interessiert
und gerne selbst akzentuiert

Du bist für mich ein Kronjuwel
ich mag dich sehr gut leiden
mein Leben wird durch dich sehr hell
man sollte mich beneiden

Denn dich zu kennen hat viel Wert
ich möcht' dich nimmer missen
sobald ich wieder heimgekehrt
werde ich dich gern begrüßen

Herzlichst,
Peter

Brief aus Florida an die Regisseurin
aus meiner Amateur-Schauspielzeit

Helga

Helga, ich leide
doch du siehst das nicht
Helga, ich brauch' dich
wie der Schatten das Licht

Ohne dich bin ich wenig
mit dir manchmal viel
wie soll es nur enden
unser grausames Spiel

Ich mag deine Nähe
einen Zaun will ich nicht
ich will freiwillig geben
und nicht nur aus Pflicht

Wir denken oft ähnlich
und das tut auch recht gut
doch immer nur gleich sein
dazu fehlt mir der Mut

Will geben und nehmen
wie es g'rade kommt
und nicht immer fragen
ob es dir frommt

Will frei sein im Denken
will mich fühlen als Mann
ich muss nicht nur lenken
will das tun, was ich kann

Will mit Liebe erfüllt sein
für dich und die Welt
doch verlang' nicht von mir
dass außer dir nichts mehr zählt

Will lieben und lachen
mit dir und allein
will glücklich dich machen
doch nicht nur zum Schein

Ich mag dich als Frau
und schätz' deinen Charme
ich schlaf' gern mit dir
halte dich gern im Arm

Wie's weitergeh'n soll
weiß Gott nur allein
mein Herz ist so voll
mein Überblick klein

Für immer oder Nie mehr

Helga morgens
Helga abends
Helga jeden Tag!

Nie mehr ohne Helga sein
wer weiß, ob ich das mag?

Endlich vorbei

Heute ist es endlich vorbei
vorbei jede alte Hoffnung
vorbei jedes neue Hoffen
kein Ändernwollen mehr
und kein Zurück

Nie mehr:
werde ich dir glauben
will ich deine Geschichten hören
werde ich dich in meine Nähe lassen

Nie wieder
könnte ich dir vertrauen
zu oft ist schon zu viel geschehen
ich lasse ab von dir

Was immer du in Zukunft tust
betrifft mich nicht mehr
du kannst es erzählen, wem immer du willst
nur nicht mehr mir

Mein Mitleid, mein Mitgefühl hast du
und alles, was ich für dich tun kann
und was ich schon so lange versäumt habe
hole ich jetzt nach:
ich kehre dir meinen Rücken zu
und gehe meinen eigenen Weg

Wir hatten unzählige Chancen
und haben keine genutzt
nun sind sie verbraucht
und es gibt keine neuen

Wohl hat jeder von uns wieder Chancen
für sich allein - und mit anderen
jeden Tag neue
aber an keinem Tag mehr gemeinsame

Danke für alles, was ich durch dich lernen durfte.

16. Februar 1998

Mother and Son(s)

Ach Mutter, liebes Mütterlein
du hast zwei große Söhne
in deinen Augen sind sie klein
das ist für dich das Schöne

Sie haben beide brav gelernt
sich lieb und nett zu zeigen
sie sind und waren stets dein Stolz
und so soll es auch bleiben

Sie sollen wachsen und gedeih'n
doch immer soll'n sie wissen
solang' du eine Mutter hast
sollst du sie ehr'n und küssen

Die Mutter ist die beste Frau
was willst du von den ander'n
sie alle sind nicht gut genug
bleib hier - und lass *die* wandern

Die Liebe, die die Mutter gibt
kann dir sonst keine geben
sei brav und hab' die Mutter lieb
dies sei dein höchstes Streben

Die Mutter hält dich immer fest
sie lässt dich nimmer fallen
gibt sie dir auch damit den Rest
- es hat dir zu gefallen

Was willst du, Sohn, du bist doch frei
du kannst doch tun und walten

nur eines sei dir stets bewusst
- die Mutter wird dich halten

Sie liebt dich doch, du dummes Kind
du bist ihr Ein und Alles
sie lebt dein Leben, denkt für dich
sei dankbar - und bezahl' es!

Du kannst doch machen, was du willst
und darfst es auch ausbaden
im Hintergrund die Mutter sitzt
- hält dich an einem Faden

Du musst im Leben selbst besteh'n
denn sonst bist du verloren
doch lass die Mutter nie allein
sie hat dich doch geboren

Sie ist es, die es gut dir meint
sie will dich stets behüten
und auch, wenn sie es niemals sagt
- du musst es ihr vergüten

Sie sitzt in deinem Leben drin
wie eine fette Drohne
es gibt nur eine Lieb' auf Erd'
von Muttern die - zum Sohne

Nur keinen Streit, das mag sie nicht
will Frieden nur und Freude
im Dunkeln bist du stets allein
- bleib fort mit deinem Leide

Das Leben ist ein stummes Ding
nicht wert, es zu besprechen

Gefühl ist zum Verstecken da
nicht, um es aufzubrechen

Die großen Dinge sieht man nicht
es fehlt dazu die Muße
verübe stets nur deine Pflicht
und tue deine Buße

Sie betet auch für dich, mein Sohn
du sollst es ihr bedanken
sie lebt ja nur für dich allein
nicht etwa - für die Kranken

Sie ist so gut, sie steht auf dich
es gibt sonst keine Männer
die Blöden soll'n verrollen sich
- die Söhne sind viel schöner

Der Stolz der Mutter reicht gar weit
du bist ihr ganzes Leben
für sie bleibt selber wenig Zeit
nur du kannst ihr was geben

Sie ist fixiert - inoffiziell
nach außen weiß das keiner
sie will ja Schwiegertöchter, gell
doch - größer mal, mal kleiner

So wie die Frauen heute sind
so kann man doch nicht leben
die müssten doch - gleich einem Kind
dem Sohne alles geben

Und keine hat es je geschafft
ihr Herze zu erreichen
ja, wenn sie so und anders wär'

das würde ihr schon reichen

Geschirr abwaschen, Betten bau'n
das kann doch heute keine
sie wollen nur zum Sohn aufschau'n
und spreizen ihre Beine

Der Anstand wird sehr klein geschrieben
das sind doch alles Schlampen
die Mutter wollen sie abschieben
die bösen, fremden Krampen

Doch keiner wird es leicht gemacht
die Söhne zu *erwerben*
sie will sie beide nicht verlier'n
und soll'n alleine erben

Nur was nach ihr kommt, ist ihr schnuppe
so wiegt sie uns im Frieden
doch glaube ich, dass auch danach
besorgt sie blickt hernieden

Die Welt ist schlecht, die Söhne gut
so sieht es uns're Mutter
erst wenn wir all' im Himmel sind
wird's endlich sein in Butter

Die Söhne bleiben unbeweibt
die Mutter blickt mit Freuden
lasst doch die bösen Frauen sein
ihr seid doch meine beiden

Zu Hause könnt ihr immer sein
bricht auch die Welt zusammen
drum bleibet ledig - und allein
sonst liebt sie euch nicht - Amen!

Kapitel 2

Weiter im „Exil" - ein Steirer in Wien und Niederösterreich

Ein neuer Anfang

Ich machte eine lange Pause
wie schnell ist doch die Zeit vergangen
doch dank der TT-Supertruppe**
hab' ich jetzt wieder angefangen

Hab' Stift und Zettel mir genommen
und bin zu dem Entschluss gekommen
nun will ich etwas Neues schreiben
das Alte darf das Alte bleiben

Doch alt und neu - das passt zusammen
wie schön, dass ich das jetzt bemerke
nichts bleibt so, wie es gestern war
im Heut', im Wandel liegt die Stärke

Das Hier und Jetzt voll auszuleben
den Augenblick total genießen
doch - hätt' ich gestern nicht gelebt
müsstet ihr mich heut' vermissen

Und morgen werd' ich nicht mehr sein
es werden and're nach mir kommen
und werden sich des Lebens freu'n
ja, Freude kann dem Menschen frommen

Ich freue mich über die Liebe zum Schreiben
deshalb werd' ich wohl auch beim Schreiben bleiben
und wenn sich auch nicht immer alles so reimt
ich lieb' ein Gedicht, wenn es in mir keimt
wenn es ist, als würde mir jemand diktieren
lass' ich voll Vertrauen die Feder mir führen

Oft klingt ein Gedicht wie ein fallender Stein
oft ist es, ja, ist es zum Haare ausraufen
doch wenn sich am Ende die Leser erfreu'n
dann werden sie dieses Buch wohl auch kaufen*

… oder es sich schenken lassen

Mit den allerbesten Wünschen für ein liebevolles
Leben in Freude, Frieden und Freiheit

Peter

---

* Buchbestellungen

per E-Mail:
peter.baur@spaceholder.at

telefonisch:
+43 664 1046870

oder auf dem Postweg bei:
Dr. Peter Baur
Unterer Mitterweg 26
AT - 3495 Rohrendorf

** *Ausbildungsgruppe in Transformations-Therapie*

Bilder sagen
mehr als Worte

Ihr seid mein Rahmen
ich bin das Bild
ihr seid die Zahmen
und ich bin wild?

Vielleicht ist es anders
verkehrt herum
ihr seid die Wilden
ich: klein und stumm?

Auch sie darf sein, meine eigene Kleinheit
Rahmen und Bild sind eine Einheit
sie folgt dem heut' aktuellen Boom
die Kleinheit wird größer unter dem Zoom

Atme und spür
mal klein und mal groß
die Bilder sind in dir
- fast grenzenlos

Mit Vorstellungskraft kannst du vieles heilen
auch wenn dich uralte Bilder ereilen
sieh genau hin, spür hinein in die Szene
danach kommt das Licht - und vieles wird *bene*

Ein Rahmen ist eckig - oder auch rund
oder - er hat eine andere Form
ein Rahmen ist Sinnbild
für Ordnung, für Norm

Er setzt eine Grenze, zäunt etwas ein
sehr oft würd' ich viel lieber rahmenlos sein
die Ränder genießen, darüber schau'n
mich einfach den Rahmen zu sprengen getrau'n

Ein Rahmen gibt Halt
deshalb brauchen wir diesen
doch oft ist es besser
hinauszuschießen

Darüber hinaus ist natürlich gemeint
ein Rahmen ist nützlich, nicht unser Feind
er ist, was er ist, nicht mehr und nicht minder
er rahmt etwas ein, das weiß auch ein Blinder

Doch *ein* Bilderrahmen
steht nur für *ein* Bild
und die Welt ist von Bildern
total überfüllt

Ein jeder sieht sich in dem eigenen Rahmen
die Herren für sich, daneben die Damen
dann gibt es noch herrliche Gruppenbilder
mit „Sex on the Beach"* - oder gar milder!

Ein Bild ist ein Ausschnitt
ein ziemlich kleiner
und was drumherum ist
sieht häufig keiner

Nimm sämtliche Bilder der Erde zusammen
und füge die Bilder von All-em hinzu
verbrenne das Ganze in lodernden Flammen
was bliebe, sind sämtliche Seelen - auch DU

Sind Bilder auch mehr oder weniger schön
wir können sie doch mit den Augen nur seh'n
mit inneren oder den äußeren Augen
kannst du diese Bilder in dich hineinsaugen

Du kannst sie verwandeln, du kannst sie schönen
du kannst deine Seele damit verwöhnen
und doch sind die Bilder nicht völlig wahr
das Wesentliche bleibt einfach unsichtbar

*Den unmittelbaren Rahmen für diese Verse bildete
meine TT-Ausbildung mit Moni als Leitbild gemeinsam mit ihren vorbildhaften Assistenten!
Herzlichen Dank an die gesamte TT-Gruppe!*

* *gruppendynamisches In-Getränk auf Lesbos,
Anfangs- und Endpunkt unserer TT-Ausbildung*

Moni

Sie kennt sich aus im Seelenreich
für sie sind alle Menschen gleich
gut - manche sind vielleicht noch gleicher
hier denk' ich an die „Österreicher"

Sie ist ganz offen, ehrlich, locker
du denkst, jetzt reimt sich nur der Hocker
doch nein - es haut dich schier von diesem
sie ist ein Mensch - mmmhhh - zum Genießen

Sie führt mit unsichtbarer Hand
mit Herz, mit Liebe und Verstand
ist einfühlsam schier ohne Ende
sie spürt genau - jetzt kommt die Wende

Jetzt ist es Zeit für Lichtarbeit
und da braucht's noch ein Handauflegen
sie nimmt und gibt mit Liebe Zeit
und ist präsent - ein wahrer Segen

Auf Lesbos lernten wir sie kennen
sie ist ein tolles Erdenkind
ich will noch keinen Namen nennen
bei Ösi's geht das nicht so *gschwind*

Hat rotes Haar
ist weiblich, zierlich
hat sehr viel drauf
nicht nur figürlich

Ist toll gebaut
zieht sich schön an
doch nicht nur sich
auch jeden Mann

Ist ein Juwel
ein Gotteskind -
ihr wollt schon wissen, wer es ist
nun wartet doch, nur nicht so *gschwind*

Ein Teufelsweib
ein heißer Feger
ein cooler Typ
ein Herzbeweger

In Ulm, um Ulm und um Ulm herum
die Gegend ist wahrlich gesegnet
da ist schon so manchem gewöhnlichen Menschen
ein Engel mit Volldampf begegnet

Und das war und ist: MONIKA GSCHWIND

Moni, du bist eine echte „Granate"
dich nicht zu kennen wär' ein großer Verlust
es drängt mich, dass ich es auch jedem verrate
ich habe es heimlich schon immer gewusst

Eines Tags werd' ich einem Menschen begegnen
der wird meinen Weg begleiten und segnen
ein Engel, der sich hier als Menschenkind tarnt
und wer das nicht glaubt, der sei hier gewarnt

Auch wenn sie es selber nicht glauben kann
sie ist Engel und Mensch, ist Frau und auch Mann

ein Superbursch - zum *Pferdeentwenden*
ein Vollweib - mmmhhh - zum Tragen auf Händen

Doch eines ist verwunderlich -
Moni ist nicht mehr als ich
sie ist nicht besser - vielleicht weiter
deshalb ist sie ja unser „Leiter"

Sie ist der Häuptling - unbestritten
das anerkannte „Alpha-Tier"
nun hab' ich endlich ausgelitten
was Moni hat - ist auch in mir

Was wir in „uns'rer" Moni sehen
das hat sehr viel mit uns zu tun
sie hält uns nur den Spiegel vor
was du erkennst, das bist du - nun

Wir Glücklichen, wir durften lange
der Moni auf die Finger schau'n
bald ist es Zeit - für jeden von uns
sich selber noch mehr zuzutrau'n

Hab' Dank, du fabelhaftes Wesen
wir danken dir für dein So-Sein
du bist für uns der Zauberbesen
wir sind die Zauberlehrling-lein

Und eines möcht' ich jetzt am Ende
ich denk' - im Namen aller sagen
hab' tausend Dank, du Gottes Kind
für alles, was du uns gegeben

Mach' langsam weiter, Moni Gschwind!

Atme und spür

Atme und spür - ein geflügeltes Wort
atmen und spüren, das trägt dich fort
bringt dich in tiefe und tiefere Zonen
wo deine tiefsten Gefühle wohnen

Atme und spür und beobachte dich
achte auf das, was sich innerlich
in dir zeigt, in dir kocht oder gar wütet
was da dein Schatten schon so lang behütet

Atme und spür und lausche den Tönen
lass deine Seele sich klangvoll verwöhnen
deine Seele, die Gute, die so lang geschunden
wird heute und hier ihrer Schuld entbunden

Atme und spür, erkenn dich als Schöpfer
forme dein Leben und sei wie ein Töpfer
der Gefäße gestaltet und Säulen baut
sei einer, der tief in sich selbst hineinschaut

Atme und spür, hör tief in dich rein
lass alles, was da ist, jetzt auch da sein
nimm es an und bedanke dich - auch für das Übel
und wenn es sein muss, speib in den Kübel

Lass deinen Gefühlen ganz frei ihren Lauf
geh ganz tief hinein, hör nicht eher auf
als du Befreiung und Freude kannst spüren
lasse dich tief in der Seele berühren

Atmen und Spüren - so einfache „Dinge"
können so Vieles in dir transformier'n
und wenn es auch zahlreiche Menschen noch missen
es liegt sehr viel Heilung - im Atmen und Spür'n

Atme und spür
sei frei für das Neue
spür das Leben im Atem
halt dir selber die Treue

Body, Holy, Emil, Klugi

All-Ein(s)ein

Buddy Holly hat den Emil
sich an seine Brust genommen
und - es ist nicht schwer zu raten
bald ist Klugi auch gekommen

Unser Klugi, der mit Vielen
seine tollen Spielchen treibt
Emil ruft aus meinen Tiefen:
„Gut, dass endlich jemand schreibt"

Denn das Schreiben bringt Befreiuung
nimmt den Klugi bei der Hand
führt die Seele in die „Sei-ung"
bringt das Herz um den Verstand

Body, unser treuer Diener
schleppt sich häufig für uns ab
doch das Leben ist nicht fair
Body muss allein ins Grab

Denn die ander'n drei Gestalten
sind aus einem fein'ren Stoff
dieser Stoff soll ewig halten
immer ON - und niemals OFF

Oder Seele, musst am Ende
auch du ganz alleine wandeln
ohne Holy, Klugi, Emil
dich in höh're Sphären hangeln

Was weiß der Mensch schon über - Morgen
über Gott, die Seele, Sein und Ist
kräht ja schon der Hahn vom Mist
dass du ganz All-einig bist

Zum Nachahmen: „Familien-Stellen mit den eigenen
vier Körpern (Persönlichkeitsanteilen)"
Annahme: du bestehst aus vier Körpern, einer davon
ist sichtbar, die anderen drei sind feinstofflich und
unsichtbar.
Body: dein physischer, sichtbarer Körper
Holy: dein spiritueller Körper
Emil: dein Emotional-Körper
Klugi: dein Mental-Körper, auch „Denker" genannt
(eigentlich dein Diener, häufig aber Chef ohne Auf-
trag)

Schönen Gruß vom EGO

Du bist überall dabei
ohne dich, da geht es nicht
schon vom allererersten Schrei
steht dein Name im Gesicht

Und du kannst nicht vor dir fliehen
auch wenn du es oft versuchst
letztlich hängst du sehr an dir
wenn du auch darüber fluchst

Der entfernte Erdenwinkel
wenn du glaubst, es sei dort schön
schließlich kannst du auch dorthin
nur mit dir alleine geh'n

Selbst wenn and're dich begleiten
kannst du nur mit dir besteh'n
gute oder schlechte Zeiten
du musst immer mit dir geh'n

Du kannst noch so viel ersinnen
vor dir gibt es kein Entrinnen
ob in Freiheit, ob im Knast
als Geschenk - oder Ballast

Ob im Team oder alleine
schließlich tragen sie, die Beine
bis zum letzten Erdenort
dich mit dir gemeinsam fort

Ich und du sind immer Eines
sind ein Kleinod, ein ganz kleines
bis die Träne - ohne Tand
ihren Weg zum Ozean fand

The Work

Ist das wahr, hör' ich dich fragen,
kannst du wirklich sicher sein?
Ist es absolut vertretbar?
Ja, ist möglich - oder Nein!

Falls du dir ganz sicher bist,
höre gut in dich hinein!
Und - wie reagiert dein Körper?
Lass es zu, es darf jetzt sein!

Ah, da kommen Angstgefühle -
oder gar ein „stilles Schrei'n"?
Lerne auf Gefühle achten,
lass den Denker Denker sein!

Und wer wärst du ohne,
den Gedanken je zu denken?
Wunderbar, du spürst Befreiung,
erkennst, wie dich Gedanken lenken.

So, nun kehr das Ganze um,
tu mal so, als wär' es ganz verkehrt!
Gib nicht auf, denn ganz am Ende
ist es jede Mühe wert.

Lass kreative Neu-Gedanken
dein überraschtes Hirn umranken.
Lass dich vom Denker reich beschenken,
erlaub dir mal, „verkehrt" zu denken!

Du wirst staunen und dich freu'n,
mit „The Work", da ist gut sein.

Geniales Wahrheitsfindungsinstrument nach Byron Katie

Einfach gut

Was tut mir gut, das ist die Frage
die ich mir gar oft gestellt
und schon haben fremde Geister
sich einflussreich dazu gesellt

Die ander'n wissen scheinbar besser
worin ICH die Erfüllung find'
wer ist denn nun mein *Wohlfühlmesser*
wer kennt den Weg zu meinem Kind

Wie hohl und leer sind viele Sager
Gedanken, sinnlos ausgespuckt
nur ich alleine kenn' das Lager
das meine „homepage" ausgedruckt

Was tut mir gut, wer sind die Menschen
die JETZT zu meinem SEIN gehör'n
die morgen schon woanders weilen
ganz ohne sich daran zu stör'n

Die frisch und frei und fröhlich leben
die geben, sich daran erfreu'n
sich täglich voll das Leben geben
und keinen von uns wird es reu'n

Was tut dir gut, mein lieber Bruder
dir Schwester, ihr seid nie allein
denn immer, wenn wir irgend können
werden wir beisammen sein

Allein, getrennt, gehört zusammen
die Welle ist des Lebens Lauf
und bist du heute auch ganz unten
schon morgen bist du obenauf

Deshalb sei achtsam mit den Freunden
den Menschen, die dich „inspirier'n"
denn wenn du dir nicht sicher bist
kann jeder dich ganz leicht verführ'n

Doch ist die Welt voll guter Geister
genieß dein Leben, fühl dich frei
sei dankbar, sei dein eig'ner Meister
das Morgen sei dir einerlei

Genieße jede deiner Stunden
sei feige - oder habe Mut
du weißt am besten, was du brauchst
und spürst genau - DAS tut mir gut!

Als ob

Warum soll ich etwas erfinden
es ist doch schon alles da
wozu in der Ferne verschwinden
liegt doch das Gute so nah

Du musst nur die Zeichen erkennen
die Zeichen, die überall sind
mit Staunen die Wunder benennen
du warst und du wirst wieder Kind

Das Jetzt liegt im Grunde so nahe
doch wir wollen anderswo sein
im Gestern, im Morgen, wie schade
wir machen uns selber so klein

Die wahre, die menschliche Größe
die ist uns nicht groß genug
wir geben uns lieber die Blöße
und springen vom fahrenden Zug

Und nun steh'n wir da, ganz verloren
wir tun so, als merkten wir's nicht
als seien wir dazu geboren
zu leben: für Arbeit und Pflicht

Wir leben im eigenen Schatten
verleugnen das eigene Licht
verhüllen die Wahrheit in Schweigen
und tun so, als merkten wir's nicht

Wir schaufeln die eigenen Gräber
verstecken das wahre Gesicht
verraten die eigene Seele
und tun so, als merkten wir's nicht

Wir basteln an grausamen Waffen
als wär's eine heilige Pflicht
zieh'n Grenzen, die uns doch nur trennen
und tun so, als merkten wir's nicht

Wir lassen die Zeit verstreichen
den Augenblick nützen wir nicht
und plötzlich ist alles vorüber
wir tun so, als merkten wir's nicht

Ein Leben ist sinnlos vergangen
vielleicht ist ein neues in Sicht
wenn ja, dann ergreif deine Chance
und tu so, als wär's deine Pflicht

Deine Pflicht, deinen Weg zu ergründen
und wegschauen, das geht jetzt nicht
denn keiner kann für alle Zeiten
so tun, als merkt er ES nicht

Vielen Dank

Vielen Dank, mein gutes EGO
Mensch, wie hab' ich dich gebraucht
so als ob ein schlechter Taucher
ohne Luft ins Tiefe taucht

Du warst mir ein treuer Diener
doch du dientest vielen Herr'n
bist im Grunde ein Schlawiner
doch ich hab' dich trotzdem gern

Ja, du hast mir viele Jahre
unbewusst eins ausgewischt
Danke EGO, doch nun werden
uns're Karten neu gemischt

Solange wir auf Erden sind
darfst du weiter für dich streben
doch ab jetzt will ich allein
für mich selbst den Ton angeben

Danke EGO, denn du hast
es dir lang gerichtet
leider hast du nie gelernt
wie man gut verzichtet

Ja, du wolltest alles haben
hier und jetzt, sofort und gleich
wie die Werbung es besagt
bist du reicher noch als reich

Reich an Hohlheit, reich an Schmerzen
reich an viel gebroch'nen Herzen
reich und gut und schön - doch klein
deine Welt, das ist der Schein

Ja, dein Reichtum ist sehr hohl
viele denken, wär' das toll
dies und das und jenes haben
aller Sinn wird untergraben

Aber EGO, ich muss sagen
du bist Teil von meiner Welt
durch dich hab' ich lernen dürfen
wie man Dunkelheit erhellt

Und ich will mich nicht beklagen
wie die Ahnen glaubte ich
bei viel Arbeit, Müh' und Plagen
mehr an dich als selbst an mich

Wir sind von getrennten Welten
doch solang ich dich verehr'
bin ich Teil von dem System
mit Gebraus und Stoßverkehr

Deshalb EGO, treue „Seele"
ja, im vollsten leeren Sinn
will ich dich solange lieben
bis ich dann erleuchtet bin

Wenn das so leicht wär'

Shut up, EGO, du hast Pause
wenn ich bei mir selber bin
denn dein ganzes Aufgebrause
macht doch nur im Außen Sinn

EGOs haben viel zu sagen
in einer Welt, die lebt vom Schein
deine Wichtigtuerei
macht sehr viele Menschen klein

EGO, du bist niederträchtig
bist in deinem Kern ganz hohl
du bist eine leere Hülle
die so tut, als sei sie voll

EGO, deine fremden Federn
schmücken dich, doch nur zum Schein
und, wenn man dich ganz fest schüttelt
wirst du nicht vorhanden sein

EGO, du bist fremdbestimmt
alle flüstern dir stets ein
wenn man dir das Fremde nimmt
wirst du plötzlich nicht mehr sein

EGO, du bist scheinbar wichtig
weil du dich so produzierst
doch im Grunde bist du nichtig
weil du gar nicht existierst

EGO, ich will mich bedanken
für den Glitzer deiner Welt
wie das Abo einer Zeitung
hab' ich dich jetzt abbestellt

Danke EGO

Danke, EGO, für die Federn
damit hab' ich mich geschmückt
doch die Schau auf meinen Kern
hat mich von dir abgerückt

Viele Jahre warst du wichtig
und ich glaubte fest an dich
mittlerweile wirst du nichtig
mehr und mehr erkenn' ich mich

Ich sah mich durch deine Brille
glaubte ander'n mehr als mir
ab sofort geschieht mein Wille
liebes EGO, danke dir

Mann und Frau

Ihr seid Göttinnen, ihr Frauen
ihr seid göttlich - und ihr wisst
dass, wenn ihr es darauf anlegt
jeder Mann verloren ist

Und wir Götter, wir bornierten
glauben noch, wir sind gescheit
wissen nicht, dass Freud sich irrte
er - mit seinem „Penisneid"

Nein, ihr Frau'n seid zu beneiden
doch mit eurer großen Macht
seid ihr Gott sei Dank bescheiden
auf das Wohl der Welt bedacht

Und wir Männer, ja, wir glauben
alles sei in festem Griff
drehen wacker an den Schrauben
steuern ein versunk'nes Schiff

Wo ist Rettung, wo ist Heil
Mann und Frau - sind beide geil
und mit uns'ren Körpersäften
kämen alle wir zu Kräften

Männer könnten Frauen lieben
statt sie nur mal schnell zu schieben
mit Respekt und Toleranz
hieße „er" nicht länger „Schwanz"

Lingam wär' somit geschaffen
achtungsvoll wird er beäugt
und wenn er seine *Joni* findet
wird in Liebe Mensch-lich-keit gezeugt

Will die Menschheit überleben
müssen wir zusammensteh'n
männlich - weiblich, nehmen - geben
Göttlichkeit wär' dann zu seh'n

Menschlichkeit

Mehr und mehr begreif' ich dich
spüre deine Seele
kriege ein Gefühl für dich
weiß, was ich empfehle

Ich empfehle mich, oh Meister
hab's in meiner eig'nen Hand
werde milder nur, nicht dreister
bin im Herz, nicht im Verstand

Spüre viele meiner Nöte
lass' auch die Geschichten sein
jeder Mensch braucht seine Dramen
denn der Mensch ist menschlich - klein

Derselbe Mensch, er kann auch wachsen
über sich hinaus - ganz groß
nur, solang er auf der Welt ist
wird er „Menschlichkeit" nicht los

Selbst als Lama oder Guru
musst du deinen Darm entleeren
außer du hast es gelernt
Nahrung völlig zu entbehren

Lebst du nur vom Licht allein
zweifelt man am „menschlich - Sein"

Ahnst du fern auch die Erleuchtung
Mensch, genieß dein irdisch Sein
selbst wenn du erleuchtet bist
bist als Mensch du manchmal klein

Einen Auftrag zu erfüllen
hat die Seele sich gewählt
Menschlichkeit in Liebe hüllen
ist, was hier auf Erden zählt

Häuslichkeit
Ein Haus, ein Heim, ein Tempel

Ein **Haus**, ganz nüchtern anseseh'n
kann gut auf eig'nen Beinen steh'n
der Denker nennt das Fundament
wie man es von den Plänen kennt

Ein Haus, gemütlich, nett und fein
mutiert durch Menschlichkeit zum **Heim**
wenn Kind und Hund durch Räume schwärmen
kann das des Menschen Herz erwärmen

Gehst du als Mensch gelassen weiter
dann wird die Sache selig - heiter
denn - pfeifst du auf des Daseins Krempel
wird dir ein Haus sogar zum **Tempel**

Jedoch die Marktwirtschaft wird schlauer*
belächelt mild den Häuslbauer
wird Heim-Werk bald nicht mehr verschonen
bis alle froh in Tempeln wohnen

Doch so ein Haus ist ein Vehikel
das nur ein Mensch auf Erden braucht
und wenn du abgibst dein Matrikel
wird deine Seele ausgehaucht

Dann BIST du - in Unendlichkeit
und könntest dich auf ewig schonen
es sei denn, du brauchst Raum und Zeit
und möchtest wieder *häuslich* wohnen

* *ökonomisch spitzfindiger*

Wegbegleiter

Zärtlichkeiten statt Gerammel
blind verstehen statt Gestammel
einfühlsam, doch geil und heiter
Liebe heißt der Wegbegleiter

Liebe ist für jeden eigen
jeder Mensch trifft seine Wahl
Liebe wird sich offen zeigen
mal als Freude, dann als Qual

Liebe hat sehr viel' Gesichter
jeder darf sich dran erbau'n
angesichts der vielen Lichter
darfst du ruhig finster schau'n

Liebe kann sehr viel verstehen
jeder darf er selber sein
du darfst deiner Wege gehen
Liebe lässt dich nie allein

Versionen

Ich habe schon viele Versionen probiert
eine davon hat sogar studiert
ein Teil ist's von mir, dieser „Doktor der Rechte"
doch ich weiß genau, das ist nicht der Echte

Eine and're Version ist fleißig und brav
hat eher die Mentalität von 'nem Schaf
blökt angepasst, grast schön mit der Herde
ich weiß, dass ich damit nicht glücklich werde

Der dritten Version, der ist nichts zu *schwör*
ja, das ist Peter als Bauingenieur
doch bisher hat er sich nicht sehr viel getraut
deshalb hat er noch keine Häuser gebaut

Da sind wir auch schon bei der vierten Version
Peter ist super am Telefon
er kann sehr gut reden, solang er bei sich bleibt
es kommt aber vor, dass es ihn abtreibt

Dann braucht er das Lob von ander'n Personen
ja, auch das ist eine seiner Versionen
die beste Version, die beste der Welt
ist die, wenn Peter „sich selber gefällt":

Wenn ich mich fühl', ganz wie unter Strom
ja, das ist meine wohl beste Version
das kann mir passieren, wenn ich einen hebe
aber noch öfter, wenn ich etwas gebe

Wenn ich meine Liebe mit anderen teile
spür' ich dieses Kribbeln, hab' ich keine Eile
bin geduldig mit mir - und jetzt wissen wir schon
das ist meine allerbeste Version

Aber auch all die ander'n Versionen
dürfen stets bei mir und in mir wohnen
jede von ihnen hat Gewicht
und ohne sie alle wäre ich nicht

Zumindest nicht der, der ich heute bin
somit hat doch jede Version ihren Sinn
und so darf wohl noch manche Version in mir reifen
ich lass' es so sein, muss nicht alles begreifen

Das Lassen der Dinge, wie sie nun mal sind
das können wir alle - besonders als Kind -
dieses Kind ist gar oft auf der Strecke geblieben
meine beste Version hat gelernt, es zu lieben

Wenn wonnige Schauer durch mich fließen
weiß ich, jetzt ist es Zeit - zum Genießen -
doch auch das Neue fließt einfach davon
zum Glück habe ich noch meine alte Version

All meine Versionen, sie dürfen sich wandeln
sind ständig bei mir, lassen mich handeln
mal so und mal so, oder auch gar nicht -
dann steh' ich da, fast wie gelähmt
eine Version, die mich klein macht und zähmt

Sie ist wie ein Skipper mit Angst vor dem Wind
die Angst sitzt ganz tief in dem inneren Kind
erst mit Freude und Mut - und zum Aufbruch bereit
ist meine beste Version befreit

Bis dahin wohnt sie wie in einem Kerker
doch Fühlen und Atmen machen sie stärker
mach nur so weiter und lauf nicht davon
dann findest du schon deine beste Version

Wenn du vielleicht glaubst, du habest sie schon
sie sei deiner Mühe und Arbeit Lohn
dann solltest du dich eventuell überwinden
um noch eine bess're Version zu finden

Doch schaust du noch einmal in Liebe zurück
so merkst du, dass in jedem Augenblick
auch wenn du noch so vor Ängsten bebtest
du jeweils die beste Version bereits lebtest

* * *

…. und rennst du vor etwas davon
dann kennst du auch deine A-Version

Der Autor

Ing. Dr. Peter Baur, geboren am 10. Oktober 1954 in Mühlen, Steiermark, lebt heute in Rohrendorf bei Krems in Niederösterreich.

Nach „ausführlichem" Studium und mehrjähriger Tätigkeit im Versicherungs(un)wesen tauschte der Hobby-Skipper im Jahr 2000 mit der Geburt seiner Tochter Lisa die Privatwirtschaft gegen die Hauswirtschaft ein und wirkt seither freud- und hingebungsvoll als Hausmann („Mapa"). Parallel dazu bildete er sich in NLP sowie Lebens- und Sozialberatung fort und ist seit Jahren als Mediator in Wien tätig.

Die 2013 abgeschlossene Ausbildung in Transformations-Therapie nach Robert Betz rundet die Vor-Liebe für „Psychologie" ab. Seiner psychosozialen Grundhaltung entsprechend sieht er sich als Menschenbegleiter mit Hang zum Schreiben. Freunde nennen ihn auch liebevoll **P(o)eter**

Danke, danke, danke!

Wie kann ich mich am innigsten bedanken? Und wie kann ich jedes Wesen, dem mein inniger Dank gebührt, erreichen? Mit welchen Worten könnte ich am trefflichsten ausdrücken, wie dankbar ich bin. Für Alles und Jedes und Jeden. Diese Aufgabe ist unbeschreiblich, weder hinreichend in Worte noch in Buchstaben zu fassen. Daher einfach: **DANKE**

Und da sind dann unter allen (be)achtenswerten Wesen dieser unserer Mutter Erde einige Wesen, die ganz besonderen Dank verdienen. Ja, weil sie - aus welchen Gründen immer - einen besonderen Stellenwert haben in einer Zeit, da wir sie besonders brauchen. Oder vielleicht, weil sie es brauchen, für jemanden - aus welchen Gründen immer - etwas Besonderes zu tun oder zu sein. Und ob es nun Fügung, Bestimmung, Zufall oder ganz einfach die natürlichste Sache der Welt ist - schön, dass es sie gibt, diese ganz besonderen Menschen unter all den ganz besonderen Menschen.

Für mich und für die Entstehung dieser *Versionen* bin ich naturgemäß allen Ahnen sowie meinen Eltern, meinem Bruder Gerhard und mir selbst dankbar. Meiner Ausdauer, meinem Beharrungs- und Durchhaltevermögen, denn ohne diese Eigenschaften hätte ich nicht all die wunderbaren Menschen kennen gelernt, die auf meinem Weg so wichtig waren und sind. Meine Frau Gertrude und unsere Tochter Lisa, meine Freunde, Feinde, Lehrer (einige davon waren im Schuldienst), Verwandten (einige davon hätte ich mir auch freiwillig ausgesucht) und viele weitere inspirierende Mitmenschen, wie u.a. die TT-Ausbildungsgruppe unter der genialen Leitung von Monika Gschwind.

Ausdrücklich verdient Susann Naumann für die Lektorarbeit und praktische Umsetzung dieses „Langzeit-Projekts" ein herzliches Dankeschön und einen dicken Sonderapplaus. Dem begabten Künstlerfreund und Schöngeist Dr. Albert Fritz verdanken wir die liebevoll gestalteten Hinterglasbilder auf der Vorder- und „Hinter"-Seite dieses Gedicht-Bandes.

Danke an und für alles, was ist!

Peter

Der Verlag

*Wer aufhört
besser zu werden,
hat aufgehört
gut zu sein!*

Basierend auf diesem Motto ist es dem novum Verlag
ein Anliegen neue Manuskripte aufzuspüren, zu ver-
öffentlichen und deren Autoren langfristig zu fördern.
Mittlerweile gilt der 1997 gegründete und mehrfach
prämierte Verlag als Spezialist für Neuautoren in
Deutschland, Österreich und der Schweiz.

**Für jedes neue Manuskript wird innerhalb
weniger Wochen eine kostenfreie, unverbind-
liche Lektorats-Prüfung erstellt.**

Weitere Informationen zum Verlag und
seinen Büchern finden Sie im Internet unter:

www.novumverlag.com

Raum für
deinen eigenen Reim

Trau dich, es ist dein persönliches Exemplar!